Cómo conocer a
DIOS

José Young

Ediciones Crecimiento Cristiano

Ediciones Crecimiento Cristiano
Córdoba 419
5903 Villa Nueva, Cba.
Argentina
Tel.: 0353-4912450

oficina@edicionescc.com
www.edicionescc.com

Ediciones Crecimiento Cristiano se dedica a la
enseñanza del mensaje evangélico por medio de la literatura.

Primera edición: 1/2000

I.S.B.N. 950-9596-72-8

P2

Diseño de tapa: Ana Ruth Santacruz
Impreso en los talleres de Ediciones Crecimiento Cristiano.

IMPRESO EN ARGENTINA
(2)

Introducción 0

La gente escribe y discute sobre muchos temas, pero ninguno es tan grande como el tema de Dios. Todo lo que significa la vida y la muerte es una cosa si él existe, otra si no.

En este cuaderno proponemos que *sí existe*, que es posible conocerlo y hasta caminar con él. Lo hemos probado, y por esta razón queremos entrar en diálogo con usted.

Este cuaderno es una combinación de afirmaciones y preguntas. Hemos dejado espacios donde usted podrá escribir sus respuestas a las preguntas presentadas. En este sentido, el cuaderno ofrece un diálogo sobre la persona de Dios.

Pero a su vez ofrecemos hacer un paso más. Estamos dispuestos a mirar sus respuestas si nos manda el cuaderno terminado, y responder a sus dudas e inquietudes si las tiene. Sabemos muy bien que este cuaderno no satisface todas las incógnitas del tema de Dios, por lo tanto estamos disponibles para continuar el diálogo, si usted así lo quiere.

En el final del cuaderno debe figurar el nombre y dirección de la persona o entidad que le dio el cuaderno. De manera que, para continuar el diálogo, envíe el cuaderno a ellos. Pero en caso contrario, es decir, en el caso de que no haya una dirección en el espacio, entonces la alternativa es enviarnos el cuaderno a ECC.

Cualquiera sea su caso, nuestro deseo es que por medio de este diálogo se acerque a Dios.

Aclaramos que toda esta discusión se basa en la Biblia, nuestra fuente principal acerca de las cosas de Dios. Las partes de la Biblia que citamos en el cuaderno son de "La Biblia de Estudio", Sociedades Bíblicas Unidas, 1990. Sugerimos que usted mismo busque los versículos en su Biblia, leyendo el pasaje completo.

Los editores

INDICE

¿Es posible?

1

Confesamos que el título de este cuaderno es un poco pretencioso. Ninguno de nosotros puede presumir de haber visto a Dios, ni tampoco puede ofrecerle una guía turística para hacerle una visita. Sabemos desde el comienzo que frente a este tema entramos en aguas bien profundas; sentimos que realmente es un tema urgente, y a la vez reconocemos que no es fácil.

Pero una cosa es segura: Dios no está encerrado en un templo aquí en la tierra. Leamos, por ejemplo, estas palabras de la Biblia:

...el Dios altísimo no vive en templos hechos por la mano de los hombres. Como dijo el profeta:
"El cielo es mi trono, y la tierra es el estrado de mis pies.
¿Qué clase de casa me construirán, dice el Señor; ¿cuál será el lugar de descanso, si yo mismo hice todas estas cosas?"
(Hechos 7.48-50)

1 Estas palabras dan por lo menos dos razones por las cuales Dios no vive en templos aquí en la tierra. ¿Puede anotarlas?

¿Entonces, dónde está Dios? Algunos de ustedes al leer esto recordarán que cuando el ruso Yuri Gagarin regresó del primer viaje espacial hecho por el hombre, dijo que no había visto a Dios, implicando así una prueba de su no existencia.

2 ¿En su opinión, tenía razón al decir que al no haber visto a Dios comprobó su no existencia?

El universo es tan vasto que no podemos comprender los números que se utilizan para describirlo. Por ejemplo, el sol se encuentra aproximadamente a 149.591.000 km de la tierra. Y las estrellas, aún la más cercana, están tan lejos que los científicos no hablan de kilómetros en su caso, sino de "años luz", es decir, la distancia que la luz puede viajar en un año. Usando esa regla, la estrella más cercana está a 3.3 años luz de la tierra, que son millones y millones de kilómetros... ni hablar de las estrellas más distantes.

¿Dónde, entonces, está Dios? Realmente, es necesario mirar el tema desde otro ángulo. Porque la pregunta no es tanto "dónde está", sino "cómo es". Veamos, por ejemplo, el siguiente pasaje de la Biblia:

> *"...él es el único y bienaventurado Soberano, Rey de reyes y Señor de señores. Es el único inmortal, que vive en una luz a la que nadie puede acercarse. Ningún hombre lo ha visto ni lo puede ver."*
>
> (1 Timoteo 6.15, 16)

3 Si queremos conocer a Dios, ¿cuál es la limitación que este pasaje nos pone?

Se aclara el tema cuando recordamos que Dios es espíritu. Es decir, tiene otra naturaleza, vive en otra dimensión. Directamente, no podemos ver a un ser espiritual. Ya que los seres espirituales no están limitados por la materia física como nosotros, Dios no está "arriba" ni lejos, en el sentido físico. Es que tiene una naturaleza que nosotros no podemos ver, y existe en una dimensión inaccesible para nosotros.

Un ejemplo sería el del pez. Vive en otra "dimensión", la del agua. Casi no puede ver más allá de esa superficie, y no tiene la más mínima idea de cómo es la vida fuera del agua. Está limitado por su naturaleza. Pues, así somos nosotros con respecto a la dimensión espiritual.

Otro ejemplo sería un ciego de nacimiento. ¿Cómo le describiría la diferencia entre rojo y verde? Es, por supuesto, imposible. De la misma manera, nosotros que somos "ciegos" en el mundo espiritual, no tenemos los recursos necesarios para visualizarlo.

Foto auténtica de un ser espiritual

Pero si eso terminara aquí, entonces no tendríamos esperanza. Ya que nadie puede ver a Dios, ni acercarse a él, la única manera en que podemos realmente conocerle es que él se revele a nosotros.

Es importante destacar que realmente todos tenemos *algún* concepto de Dios. Observe, por ejemplo, lo que dice el siguiente pasaje acerca de la humanidad:

"Lo que de Dios se puede conocer, ellos lo conocen muy bien, porque él mismo se lo ha mostrado; pues lo invisible de Dios se puede llegar a conocer, si se reflexiona en lo que él ha hecho. En efecto, desde que el mundo fue creado, claramente

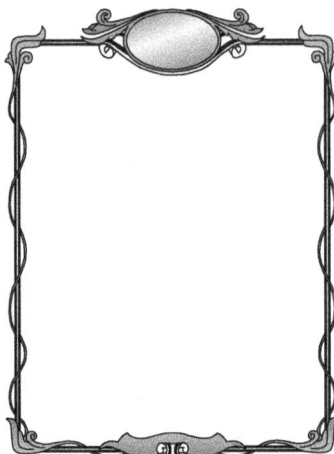

se ha podido ver que él es Dios y que su poder nunca tendrá fin." (Romanos 1.19, 20)

4 Según este pasaje, ¿qué podemos conocer acerca de Dios?

Si pensamos bien en la creación debemos comprender algo de Dios. Aunque la creación sola no nos muestra *cómo es* Dios. Muchas personas del mundo creen que es temible, peligroso. Otros que es un benigno viejito inofensivo.

El siguiente capítulo nos ayudará a ver con más claridad cómo es.

La clave

2

La Biblia habla mucho de la "palabra" de Dios. Dios con su "palabra" creó todo (capítulo uno del libro de Génesis). Cuando los profetas antiguos de Israel comunicaban mensajes de parte de Dios, hablaron la "palabra" de Dios. En realidad, Dios nos habla através de su "palabra".

Pero el apóstol Juan nos habla de una "Palabra" muy particular de Dios. Fíjese en este pasaje:

> *"En el principio ya existía la Palabra; y aquel que es la Palabra estaba con Dios y era Dios. El estaba en el principio con Dios. Por medio de él, Dios hizo todas las cosas; nada de lo que existe fue hecho sin él. En él estaba la vida, y la vida era la luz de la humanidad. Esta luz brilla en las tinieblas, y las tinieblas no han podido apagarla."*

(San Juan 1.1-5)

1 ¿Qué nos enseña este pasaje acerca de la Palabra de Dios?

En el mismo capítulo Juan nos da la clave. Dice:

"Aquel que es la Palabra se hizo hombre y vivió entre nosotros. Y hemos visto su gloria, la gloria que recibió del Padre, por ser su Hijo único, abundante en amor y verdad."
(San Juan 1.14)

Entonces, aquí tenemos la respuesta a la pregunta "¿Cómo conocer a Dios?" Ya que no podemos acercarnos a Dios para conocerlo, él tomó la iniciativa enviando a su "Palabra", su mensaje en forma humana. Y al ir conociendo mejor a esta Palabra, vemos hasta qué punto Jesús puede revelarnos cómo es Dios. Note esta comparación entre algunas afirmaciones acerca de Dios en la Biblia, y otras acerca de Jesucristo:

Dios	Jesús
"El Señor es mi pastor; nada me falta." (Salmo 23.1)	"Yo soy el buen pastor." (San Juan 10.11)
"Sólo yo soy el Señor; fuera de mí nadie puede salvar." (Isaías 43.11)	"En ningún otro hay salvación, porque en todo el mundo Dios no nos ha dado otra persona por la cual podamos salvarnos." (Hechos 4.11, 12)

"El Señor, el rey y redentor de Israel, el Señor

todopoderoso, dice: 'Yo soy el primero y el último; fuera de mí no hay otro dios.'" (Isaías 44.6)

"No tengas miedo; yo soy el primero y el último." (Apocalipsis 1.17)

2 Al comparar estas dos columnas, ¿a qué conclusión llega?

Es por esta razón que Jesús podía decir:

"El que cree en mí, no cree solamente en mí, sino también en el Padre, que me ha enviado. Y el que me ve a mí, ve también al que me ha enviado."

(San Juan 12.44, 45)

Miremos ahora un pasaje hermoso de la Biblia que nos detalla lo que Dios hizo. Es muy probable que los primeros cristianos hayan cantado estas palabras en sus cultos.

**Aunque existía con el mismo ser de Dios,
no se aferró a su igualdad con él,
sino que renunció a lo que era suyo
y tomó naturaleza de siervo.
Haciéndose como todos los hombres
y presentándose como un hombre cualquiera,
se humilló a sí mismo,
haciéndose obediente hasta la muerte,**

hasta la muerte en la cruz,

Por eso Dios le dio el más alto honor
y el más excelente de todos los nombres,
para que, ante ese nombre concedido a Jesús,
doblen todas las rodillas
en el cielo, en la tierra y debajo de la tierra,
y todos reconozcan que Jesucristo es Señor,
para gloria de Dios Padre.

(Filipenses 2.6-11)

3 Describa con sus propias palabras los diferentes pasos que Jesús dió.

4 Como consecuencia de lo hecho por Jesús, ¿qué hizo Dios?

Sabemos que la clave en nuestra tarea de conocer a Dios es Jesucristo. El es una "traducción" del Dios desconocido por nosotros a términos humanos. El autor de la carta a los Hebreos lo dijo de esta manera:

En tiempos antiguos Dios habló a nuestros antepasados muchas veces y de muchas maneras por medio de los profetas. Ahora, en estos tiempos últimos, nos ha hablado por su Hijo...

(Hebreos 1.1, 2)

Jesucristo es el mensaje de Dios personificado, la Palabra de Dios para la humanidad.

Pero ¿por qué?

3

Vimos en el capítulo anterior como Dios estuvo presente entre nosotros cuando Jesús vino a la tierra. Pero no hemos pensado todavía en sus motivos.

Comenzamos con uno de los pasajes más conocidos de la Biblia.

Pues Dios amó tanto al mundo, que dio a su Hijo único, para que todo aquel que cree en él no muera, sino que tenga vida eterna. Porque Dios no envió a su Hijo al mundo para condenar al mundo, sino para salvarlo por medio de él.

(San Juan 3.16, 17)

1 Según este pasaje,

La motivación de Dios era:

El propósito de Dios era:

Realmente, si lo pensamos un poco, la motivación de Dios es sorprendente. La raza humana se ha portado **tan** mal, que uno pensaría que Dios estuviera bien fastidiado con nosotros.

Pero era justamente esa situación triste de la raza humana que motivó a Dios a actuar. El problema, en el lenguaje bíblico, es el "pecado". Palabra fea, pero bien útil para describir nuestra situación.

El pecado esencialmente es una enfermedad fatal del "corazón", de lo más íntimo de nuestro ser. Fíjese como lo describió Jesús:

Porque de adentro, es decir, del corazón de los hombres, salen los malos pensamientos, la inmoralidad sexual, los robos, los asesinatros, los adulterios, la codicia, las maldades, el engaño, los vicios, la envidia, los chismes, el orgullo y la falta de juicio. Todas estas cosas malas salen de adentro y hacen impuro al hombre.

San Marcos 7.21 a 23)

2 La lista de Jesús es algo sorprendente. Nosotros, normalmente, no pondríamos el "chisme" y el "asesinato" juntos. Pero él lo hace. ¿Puede pensar en la razón?

Cuando vemos como Jesús bosquejó el problema humano, vemos que ahí estamos todos. Algunos más... algunos menos, pero estamos todos. Como la Biblia afirma contundentemente:

...todos han pecado y están lejos de la presencia gloriosa de Dios.

Romanos 3.23)

Pero vamos a adelantarnos un poco más, para unir varios hilos de lo que ya hemos visto.

Pues cuando nosotros éramos incapaces de salvarnos, Cristo, a su debido tiempo, murió por los pecadores. No es facil que alguien se deje matar en lugar de otra persona. Ni siquiera en lugar de una persona justa; aunque quizá alguien estaría dispuesto a morir por la persona que le haya hecho un gran bien. Pero Dios prueba que nos ama, en que, cuando todavía éramos pecadores, Cristo murió por nosotros. Y ahora, después que Dios nos ha hecho justos mediante la muerte de Cristo, con mayor razón seremos salvados del castigo final por medio de él.

(Romanos 5.6 a 9)

3 Responda ahora con sus propias palabras a la pregunta con que comenzamos este capítulo: ¿Por qué vino Jesús?

Pero todavía queda algo pendiente. Vimos que Jesús vino para morir por nosotros. Y de nuevo podemos preguntarnos ¿por qué? ¿Por que vino para **morir**?

Como la mayoría de las preguntas importantes de la vida, la respuesta puede ser muy larga. Pero vamos a sintentizarla con un pasaje de la Biblia que da la esencia de la respuesta.

Cristo mismo llevó nuestros pecados en su cuerpo sobre la cruz, para que nosotros muramos al pecado y vivamos una vida de rectitud. Cristo fue herido para que ustedes fueran sanados.
(1 Pedro 2.24)

4 Realmente, en este versículo vemos por lo menos tres razones por las que Jesús murió. ¿Cuáles son?

Al pensar en los pasajes de la Biblia que hemos visto en este capítulo, queda bien claro cómo es nuestro Dios: Poderoso, "diferente", mucho más allá de nuestra posible comprensión. Sin embargo, se acercó para aliviar nuestra situación, y lo hizo de una manera muy costosa.

Por eso podemos afirmar "gracias a Dios". Nuestro Dios es bueno.

Al grano

4

El título de este libro habla de "conocer" a Dios, pero el tema se complica porque conocerle a él no es exactamente lo mismo que conocer a cualquier persona. Hay dos razones obvias. Primero, como ya vimos, Dios es un ser espiritual y no estamos en condiciones de relacionarnos facilmente con los seres espirituales.

Pero también, saber cosas acerca de una persona no es lo mismo que conocerla. Por ejemplo, seguramente Ud. sabe mucho acerca del presidente del país donde vive, pero también es casi seguro de que no lo conoce. Son cosas diferentes.

Vamos conociendo a Dios por medio de su mensaje, la Biblia. Es por medio de su libro que conocemos a Jesús, y es por medio de Jesús que aprendemos lo que Dios quiere de nosotros.

Una de las mejores maneras de conocer a Dios es leer y meditar sobre los Evangelios, donde se relata brevemente la vida y obra de Jesús. Y algo que notamos es que él enseñaba a la gente, pero también exigía.

Por ejemplo, vez tras vez dijo a la gente : "Sígueme", como en este pasaje:

"Yo soy la luz del mundo; el que me sigue, tendrá la luz que le da vida, y nunca andará en la oscuridad." (San Juan 8.12)

1 Pero si decidimos "seguir" a Jesús, ¿cómo podemos hacerlo? ¿Hay diferencia entre seguir a Jesús y seguir a cualquier otra persona?

Muchos siguieron a Jesús, y muchos lo siguen hoy. Pero otra palabra clave con la cual Jesús desafió a la gente era la palabra "creer". Jesús dijo:

"Yo, que soy la luz, he venido al mundo para que los que creen en mí no se queden en la oscuridad."

(San Juan 12.46)

Yo soy el pan que da vida. El que viene a mí, nunca tendrá hambre; y el que cree en mí nunca tendrá sed.

(San Juan 6.35)

Yo soy la resurrección y la vida. El que cree en mí, aunque muera, vivirá...

(San Juan 11.25)

La Biblia dice que el "creer", la "fe", es la llave que abre la puerta hacia el conocimiento y la presencia de Dios. Ya lo vimos en las palabras que citamos en el capítulo anterior:

Pues Dios amó tanto al mundo, que dio a su Hijo único, para que todo aquel que cree en él no muera, sino que tenga vida eterna. Porque Dios no envió a su Hijo al mundo para condenar al mundo, sino para salvarlo por medio de él.

(San Juan 3.16, 17)

2 Ahora, una pregunta difícil: ¿Cuál será la diferencia entre "creer" en Jesús y "creer" en Napoleón, en la selección de fútbol, o en cualquier otra cosa?

Hay una afirmación un poco enigmática en el libro de Santiago que trae luz sobre el significado de "creer" de la Biblia.

Tú crees que hay un solo Dios, y en esto haces bien; pero los demonios también lo creen, y tiemblan de miedo.
(Santiago 2.19)

3 ¿Por qué tiemblan de miedo si "creen"?

Cuando uno lee la Biblia, pronto se da cuenta de que "creer" es mucho más que "estar de acuerdo". "Creer" implica cierto compromiso, cierta responsabilidad. Decir "creo en Dios" pero a la vez no hacerle caso es, en la práctica, caer en la mentira. Jesús les dijo algo parecido a sus discípulos cuando expresó:

"...el que me oye y no hace caso a lo que digo, es como un tonto que construyó su casa sobre la arena. Vino la lluvia, crecieron los ríos, soplaron los vientos y la casa se vino abajo. ¡Fue un gran desastre!

(San Mateo 7.26, 27)

El apóstol Juan lo dijo de esta manera:

"Si obedecemos los mandamientos de Dios, podemos estar seguros de que hemos llegado a conocerlo. Pero si alguno dice: 'Yo lo conozco', y no obedece sus mandamientos, es un mentiroso y no hay verdad en él."

(1 Juan 2.3, 4)

4 ¿Qué le parece? ¿Por qué es necesario obedecer a Dios para poder conocerlo?

Jesús nos desafía con dos caminos, dos posibles vidas, con una decisión que afecta dramáticamente nuestra vida. Algo de esto ya hemos visto. Pero terminamos este capítulo con unas palabras más de Jesús:

Porque el que quiera salvar su vida, la perderá; pero el que pierda la vida por causa mía y por aceptar el evangelio, la salvará. ¿De que le sirve al hombre ganar el mundo ente-

ro, si pierde la vida? O también, ¿cuánto podrá pagar el hombre por su vida?

(San Marcos 8.35-37)

5 ¿Cómo responde usted a ese planteo?

¿A qué apunta?

5

La palabra "evangelio" significa "buena noticia", y el evangelio que trajo Jesús no tiene solamente exigencias. Es buena noticia por lo que Dios nos ofrece a través de él. La lista de sus beneficios puede ser larga, porque Dios es muy generoso en su trato con nosotros. Exigente, sí, pero también generoso.

Pero el beneficio más grande que nos ofrece Dios es simplemente el privilegio de conocerlo... no como el déspota allá lejos en la infinidad del universo, sino como aquel que se acercó a nosotros para establecer una relación íntima.

Es algo que anunció siglos antes de la venida de Jesús:

Porque el Altísimo, el que vive para siempre y cuyo nombre es santo, dice: "Yo vivo en un lugar alto y sagrado, pero también estoy con el humilde y afligido, y le doy ánimo y aliento".

(Isaías 57.15)

Cuando Jesús estuvo aquí, decía algo muy parecido. Veamos dos ejemplos.

El que me ama, hace caso de mi palabra; y mi Padre lo amará, y mi Padre y yo vendremos a vivir con él.

(San Juan 14.23)

1 Según este pasaje:

¿Que condición impone?

¿Qué promesa hace?

Ustedes son mis amigos, si hacen lo que yo les mando. Ya no los llamo siervos, porque el siervo no sabe lo que hace su amo. Los llamo mis amigos, porque les he dado a conocer todo lo que mi Padre me ha dicho.
(San Juan 15.14, 15)

2 También, según estas palabras de Jesús:

¿Que condición impone?

¿Que promesa hace?

25

Podemos "saber" de muchas cosas, pero "conocer" implica relación. La esencia de conocer a Dios es tener una relación con él. Jesucristo vino para establecer esa relación, y todas las dimensiones de nuestra vida espiritual. Nuestra "suerte" como seres humanos mortales, depende de esa relación.

Por ejemplo, Jesús dijo:

> *Yo soy el camino, la verdad y la vida. Solamente por mí se puede llegar al Padre. Si ustedes me conocen a mí, también conocerán a mi Padre; y ya lo conocen desde ahora, pues lo han estado viendo.*
>
> (San Juan 14.6, 7)

3 ¿Cómo comprende usted estas palabras de Jesús?

El evangelio es una buena noticia porque caminar en la presencia de Dios sana, renueva. Si realmente hemos comenzado a conocer a Dios y buscar cumplir su voluntad, es inevitable que cambiemos.

La Biblia dice que esta experiencia es el resultado del "nuevo nacimiento", un "renacer". Por ejemplo, tenemos esta afirmacón en la Biblia acerca de Jesucristo:

> *Vino a su propio mundo, pero los suyos no lo recibieron. Pero a quienes lo recibieron y creyeron en él, les concedió el privilegio de llegar a ser hijos de Dios. Y son hijos de Dios, no por la naturaleza ni los deseos humanos, sino porque Dios los ha engendrado.*
>
> (San Juan 1.11, 12)

Una vez un hombre llamado Nicodemo fue a Jesús y éste habló de la necesidad de una nueva vida. Pero Nicodemo no lo comprendió. Fíjese en esta parte de la conversación:

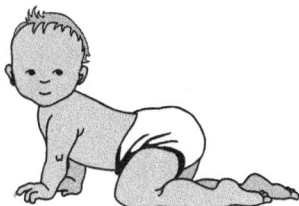

Jesús le dijo:
—Te aseguro que el que no nace de nuevo, no puede ver el reino de Dios.
Nicodemo le preguntó:
—¿Y cómo puede uno nacer cuando ya es viejo? ¿Acaso podrá entrar otra vez dentro de su madre, para volver a nacer?

(San Juan 3.3 y 4)

4 ¿Puede responder usted a estas preguntas de Nicodemo?

La realidad para la persona que se ha comprometido con Cristo es esta:

Por lo tanto, el que está unido a Cristo es una nueva persona. Las cosas viejas pasaron; se convirtieron en algo nuevo.

(2 Corintios 5.17)

Las implicaciones de esta nueva relación, esta nueva vida, son muchas. Citamos algunos ejemplos:

[Jesús dijo] **Si ustedes se mantienen fieles a mi palabra, serán de veras mis discípulos; conocerán la verdad, y la verdad los hará libres.**

(San Juan 8.31, 32)

[Jesús dijo] **Les dejo la paz. Les doy mi paz, pero no se la doy como la dan los que son del mundo. No se angustien ni tengan miedo.**

(San Juan 14.27)

Ustedes antes vivían en la oscuridad, pero ahora, por estar unidos al Señor, viven en la luz. Pórtense como quienes pertenecen a la luz...

(Efesios 5.8)

Y *en Cristo* tenemos libertad para acercarnos a Dios, con la confianza que nos da nuestra fe en él.

(Efesios 3.12)

Dios nos libró del poder de las tinieblas nos llevó al reino de su amado Hijo, por quien tenemos la liberación y el perdón de los pecados.

(Colosenses 1.12, 14)

5 En base a estos pasajes que hemos citado, haga una lista de las consecuencias de tener una relación con Dios por medio de Jesucristo.

6

El título de este cuaderno es más una pregunta que una afirmación. Quisimos a través del mismo ayudarle a explorar, animarle a intentar encontrar y conocer mejor a ese ser único, nuestro Dios.

Esperamos que a esta altura se haya dado cuenta de por lo menos dos cosas. Primero, por medio de Jesucristo **conocemos** a Dios y segundo, por medio de Jesucristo nos **encontramos** con Dios. Esto último queda destacado con estas palabras de Jesús:

> *Yo soy el camino, la verdad y la vida. Solamente por mí se puede llegar al Padre.*
>
> (San Juan 14.6)

Pero en todo esto que hemos visto queda pendiente una decisión. Conocer a Dios es mucho más que saber cosas acerca de Dios. Conocer implica una relación, implica cierto compromiso personal. Y cuando se trata con Dios, esa relación se forma de acuerdo con las normas de él, no con las nuestras, ni con las de la cultura donde vivimos.

La Biblia insiste también en que entramos en esa relación con Dios por medio de la fe, pero como ya hemos visto, no la fe de credulidad, sino la de compromiso. Como escribió Pablo a los cristianos de Efeso:

Pues por la bondad de Dios han recibido ustedes la salvación por medio de la fe. No es algo que ustedes mismos hayan conseguido, sino que es un don de Dios. No es el resultado de las propias acciones, de modo que nadie puede gloriarse de nada.

(Efesios 2.8, 9)

Y si la fe implica compromiso, obediencia, entonces estas palabras de Santiago nos dan la clave de la fe verdadera:

Pero no basta con oir el mensaje; hay que ponerlo en práctica, pues de lo contrario se estarían engañanado ustedes mismos.

(Santiago 1.22)

Seguir a Jesús, creer en Jesús, obedecer a Jesús, esperar a Jesús... todo lo que Dios tiene en mente para el ser humano tiene que ver con su Hijo, Jesucristo. Con él tenemos todo; fuera de él no tenemos nada.

Hay muchos temas que no hemos tocado en este cuaderno y hay muchos conceptos bíblicos que no hemos aclarado. Pero cada cosa en su orden. Lo principal es llegar a conocer a Dios por medio de Jesucristo... después viene el privilegio de caminar en los caminos de Dios y aprender a conocerle aun mejor.

6¹⁄₂

Y ... ¿ahora?

¡Cuánto nos gustaría escuchar su reacción al planteo de este librito! Porque para Dios (y nosotros) esa reacción tiene mucha importancia. Un tema central de la Biblia es que Dios nos busca, quiere que estemos en su camino, que le conozcamos. Busca que regresemos a él.

Supongamos que usted haya pensado en el mensaje de las páginas anteriores y esté de acuerdo. ¿Qué debe hacer?

Pues, para citar las palabras de la Biblia, "...en el nombre de Cristo les rogamos que acepten el reconciliarse con Dios." (2 Corintios 5.20).

Habla de un trato, un acuerdo entre nosotros y Dios. Nos comprometemos en una forma parecida a como se compromete en el matrimonio. El, por su parte, ofrece recibirnos, perdonarnos, adoptarnos en su familia, sanarnos, utilizarnos en los planes de su reino.

Nosotros, por nuestra parte, confiamos nuestra "suerte" y futuro en sus manos. Bajamos los puños, admitimos que le hemos defraudado tantas veces, nos ponemos bajo su protección, su autoridad. Aceptamos con gratitud su oferta de perdón y nos comprometemos a conocerlo a él, su Palabra, y a obedecer lo que nos demanda.

¿Le parece mucho? Pues, realmente es poco, porque Dios merece todo lo que somos.

¿Qué hacer, entonces? Simplemente decirle lo que siente y lo que quiere. Puede ser algo parecido a lo siguiente:

Mi Dios, no sé hablarte, pero lo hago ahora porque lo necesito. Quiero arreglar cuentas contigo. Reconozco que siempre te he fallado, y pido perdón por mis muchos pecados. Quiero poner mi vida en tus manos, y ser un seguidor fiel de tu Hijo, Jesucristo. Ayúdame, Padre, porque te necesito mucho. Lo pido en el nombre de tu Hijo, Jesucristo. Amén.

Si de alguna manera podemos ayudarle en su decisión, estamos a sus órdenes.

A continuación debe estar anotado el nombre y dirección de la persona o entidad que le dio el cuaderno. De manera que, le invitamos a continuar el diálogo enviando el cuaderno con sus respuestas a ellos. En caso contrario, es decir, en el caso de que no haya una dirección en el espacio, entonces la alternativa es enviarnos el cuaderno, a ECC. La dirección de la editorial está en la página 2.

Que nuestro Dios le ayude realmente a conocerle a él.

Se terminó de imprimir en

Talleres Gráficos de

Ediciones CC

Córdoba 419 - Villa Nueva, Pcia de Córdoba

Enero de 2014

IMPRESO EN ARGENTINA

www.ingramcontent.com/pod-product-compliance
Lightning Source LLC
Chambersburg PA
CBHW060553030426
42337CB00019B/3538